Descubrimiento del espacio profundo

La Tierra
y otros planetas interiores

GAIL TERP

Round Lake Area Library
906 Hart Road
Round Lake, IL 60073
(847)546-7060

Black Rabbit Books

Bolt es una publicación de Black Rabbit Books
Apartado Box 3263, Mankato, Minnesota, 56002.
www.blackrabbitbooks.com
Copyright © 2019 Black Rabbit Books

Marysa Storm, editora; Grant Gould, diseñador;
Omay Ayres, investigación fotográfica

Todos los derechos reservados. Prohibida la reproducción, almacenamiento en base de datos o transmisión por cualquier método o formato electrónico, mecánico o fotostático, de grabación o de cualquier otro tipo sin el permiso por escrito de la editorial.

Información del catálogo de publicaciones de la biblioteca del congreso
ISBN 978-1-68072-969-6

Impreso en China. 3/18

Créditos de Imágenes

Alamy: Irina Dmitrienko, 27 (inferior d); iStock: inhauscreative, 31; esa.int/spaceinimages/Images: ESA, 25; mars.nasa.gov: NASA, 24 (inferior), 27 (superior); nasa.gov: NASA, 5 (Tierra), 24 (superior), 26 (superior i, inferior); nssdc.gsfc.nasa.gov: NASA/NSSDC, 27 (inferior i); Shutterstock: Alones, 28–29; Azuzl, 22–23 (planetas, sol); Bobnevv, 23 (inferior d); cigdem, 9, 32; Filipe Frazao, 1, 16; gjebic nicolae, 26–27; Harvepino, 18–19; Hein Nouwens, 6–7; Johan Swanepoel, 18 (núcleo); Jurik Peter, 20–21; Marc Ward, 19 (campo magnético); Maxal Tamor, 12; Mopic, 10–11; NASA imágenes, 15; Nerthuz, Cubierta (estación espacial); NikoNomad, 3; smartdesign91, 21 (flechas); Somchai Som, Cover (planeta); Vadim Sadovski, 6, 21 (planeta), 26 (superior d); Yuriy Mazur, 23 (estrellado fondo); spaceflight.nasa.gov: NASA, 4

Se ha hecho todo esfuerzo posible para establecer contacto con los titulares de los derechos de autor del material reproducido en este libro. Cualquier omisión será rectificada en impresiones posteriores previo

CONTENIDO

CAPÍTULO 1
Espacio espectacular .. 4

CAPÍTULO 2
Los planetas interiores. 13

CAPÍTULO 3
Exploración de los planetas interiores . . . 25

Glosario. 30

CAPÍTULO 1

Espacio
espectacular

En 1972, tres astronautas fueron a la luna. Mientras los hombres viajaban, miraban hacia la Tierra. Vieron cómo el planeta que habitaban se hacía cada vez más pequeño.

Desde el espacio, la Tierra se veía azul con grandes remolinos blancos. El azul era el agua de la Tierra. Los remolinos blancos eran nubes.

Los astronautas también vieron enormes masas de tierra. Los astronautas tomaron una foto de su increíble planeta.

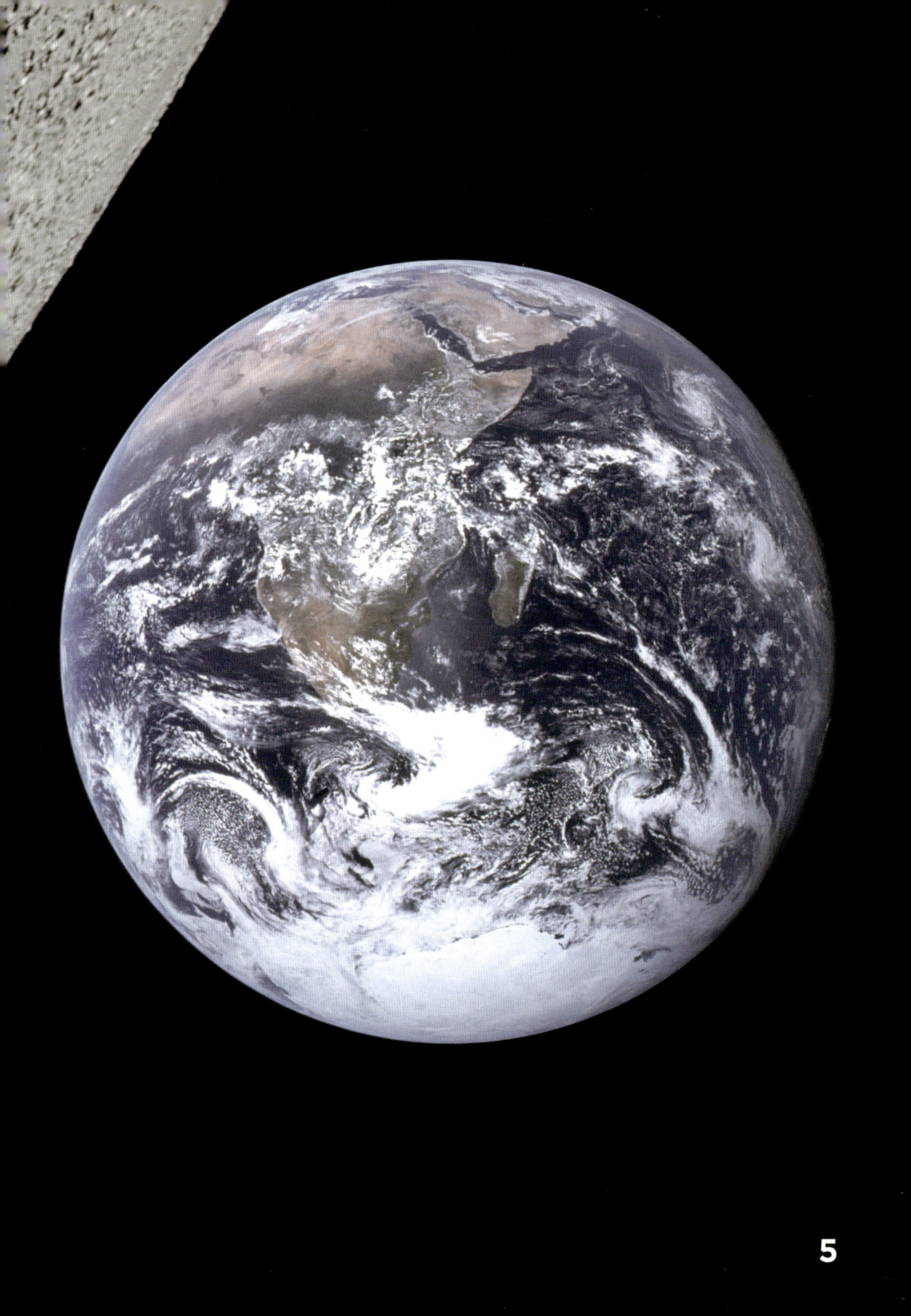

Los antiguos creían que el Sol y otros planetas **orbitaban** alrededor de la Tierra.

6

El sistema solar

Desde la antigüedad, las personas han sabido de los planetas. Sabían que los planetas no eran estrellas. Los planetas no se movían a través del cielo de la misma manera que las estrellas.

Más tarde, la gente aprendió que los planetas son cuerpos enormes que orbitan estrellas. La Tierra y otros siete planetas orbitan alrededor del Sol. La **gravedad** del Sol los mantiene en sus trayectorias. Ellos forman el sistema solar.

Ocho planetas

Los cuatro planetas más cercanos al Sol son los planetas interiores. La Tierra es uno de ellos. Los otros son Mercurio, Venus y Marte. Estos planetas tienen superficies duras.

Los planetas más alejados del Sol son los planetas exteriores. Están hechos principalmente de gas. Son planetas grandes. La gente los llama gigantes de gas.

De 1930 a 2006, hubo nueve planetas. En el año 2006, los científicos etiquetaron el noveno planeta, Plutón, como planeta enano.

EL SISTEMA SOLAR

Neptuno

Urano

Saturno

Júpiter

planetas exteriores

Los planetas interiores

Marte

Tierra

Venus

Mercurio

12

CAPÍTULO 2

Los planetas INTERIORES

Mercurio es el planeta más cercano al Sol. También es el más pequeño. Este planeta tiene largos acantilados. Algunos de ellos tienen con cientos de millas de largo.

También está cubierto de **cráteres**. Mercurio no tiene **atmósfera**. Casi ningún gas rodea el planeta.

Mercurio viaja más rápido que cualquier otro planeta. Se acelera alrededor del Sol a aproximadamente 31 millas (50 kilómetros) por segundo.

Venus

Venus no es el planeta más cercano al Sol. Pero es el más caliente. Su atmósfera es espesa. Los gases contienen calor. Venus es también el planeta más brillante. La luz del Sol rebota en sus nubes.

Es uno de los planetas más fáciles de ver desde la Tierra. Miles de volcanes cubren Venus. Los científicos piensan que algunos están activos. Son volcanes que podrían erupcionar.

TEMPERATURAS PROMEDIO

Venus
Mercurio
Tierra
Marte

grados Fahrenheit

864 grados Fahrenheit (462 grados Celsius)

333 grados Fahrenheit (167 grados C)

60 grados Fahrenheit (16 grados C)

80 grados Fahrenheit (62 grados C)

-200　0　200　400　600　800　1,000

¿Cuántas lunas?

	Mercurio	Venus	Tierra	Marte
Lunas	0	0	1	2

Tierra

La Tierra es el planeta interior más grande.
Es el único con vida conocida. Una de las razones por las cuales la Tierra tiene vida es su agua líquida. De hecho, el agua cubre aproximadamente el 71 por ciento de su superficie. Otra razón por la cual la Tierra tiene vida es su atmósfera. Está hecha de **oxígeno** y otros gases. La atmósfera ayuda a mantener caliente la superficie de la Tierra. También protege a la Tierra de los rayos dañinos del sol.

¿POR QUÉ LA TIERRA TIENE VIDA?

La Tierra tiene muchas características que la ayudan a sostener la vida.

- distancia perfecta a una estrella
- termofundido núcleo que mantiene campo magnético
- atmósfera

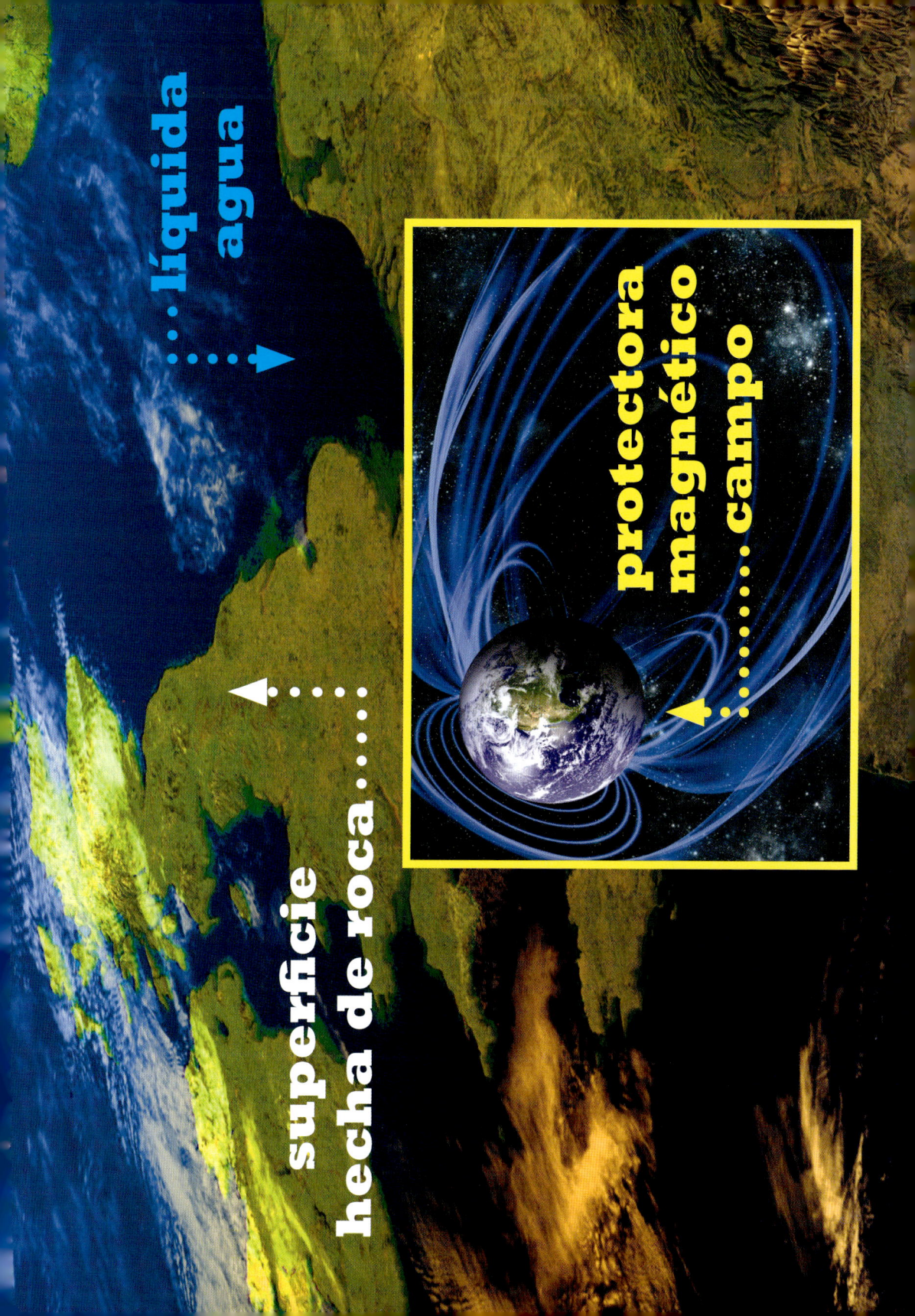

agua líquida

superficie hecha de roca......

campo magnético protectora

Marte

Marte es pequeño. Es aproximadamente la mitad del tamaño de la Tierra. Al igual que Mercurio, Marte tiene muchos cráteres. Marte tiene el volcán más grande de todos los planetas.

Los científicos piensan que Marte una vez tuvo grandes inundaciones. Habrían sucedido miles de millones de años atrás. El agua y las inundaciones pueden ser signos de que alguna vez Marte tuvo vida.

El día de un planeta es cuánto tiempo tarda en girar una vez. Algunos planetas giran más rápido que otros. Tienen días más cortos.

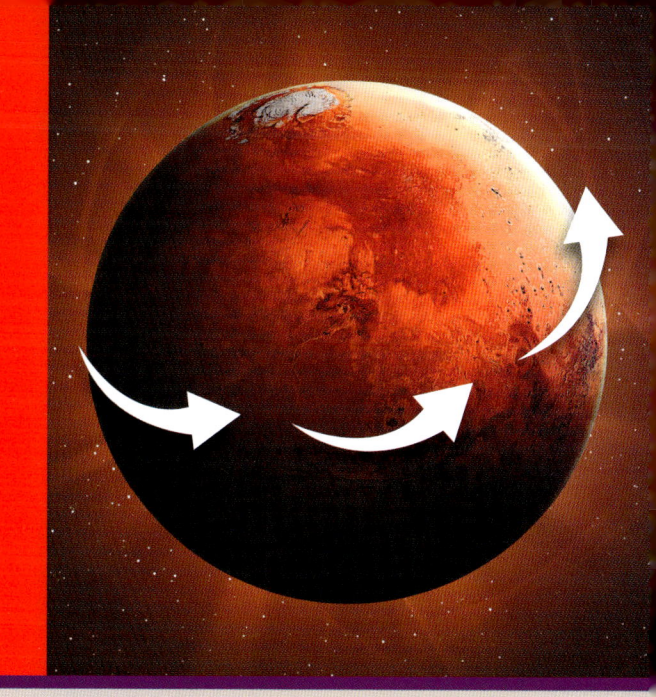

COMPARACIÓN DE LOS PLANETAS INTERIORES

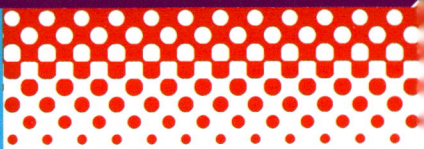

Diámetro

Tierra
7,926 millas
(12,756 km)
en el **ecuador**

Venus
7,520 millas
(12,102 km)

Hora de orbitar el Sol

687	días terrestres	Marte
365	días	Tierra
225	días terrestres	Venus
88	días terrestres	Mercurio

DURACIÓN DEL DÍA

Venus	5,832 horas terrestres
Mercurio	1,416 horas terrestres
Marte	25 horas terrestres
Tierra	24 horas

Marte 4,212 millas (6,779 km)

Mercurio 3,032 millas (4,880 km)

DISTANCIA MEDIA DEL SOL

Venus 67 millones de millas (108 millones km)

Mercurio 36 millones de millas (58 millones km)

Tierra 93 millones de millas (150 millones km)

Marte 142 millones de millas (229 millones km)

Misiones a los planetas interiores

MESSENGER Orbitador de Mercurio

Curiosity el explorador de Marte

Expreso a Venus Orbitador de Venus

CAPÍTULO 3

Exploración de los planetas interiores

En 1957, la primera nave espacial rodeó la Tierra. Desde entonces, ha habido muchas misiones al espacio. En la década de 1960, **las sondas** llegaron a Venus y Marte.

En la década de 1970, las naves espaciales volaron por todos los planetas interiores.

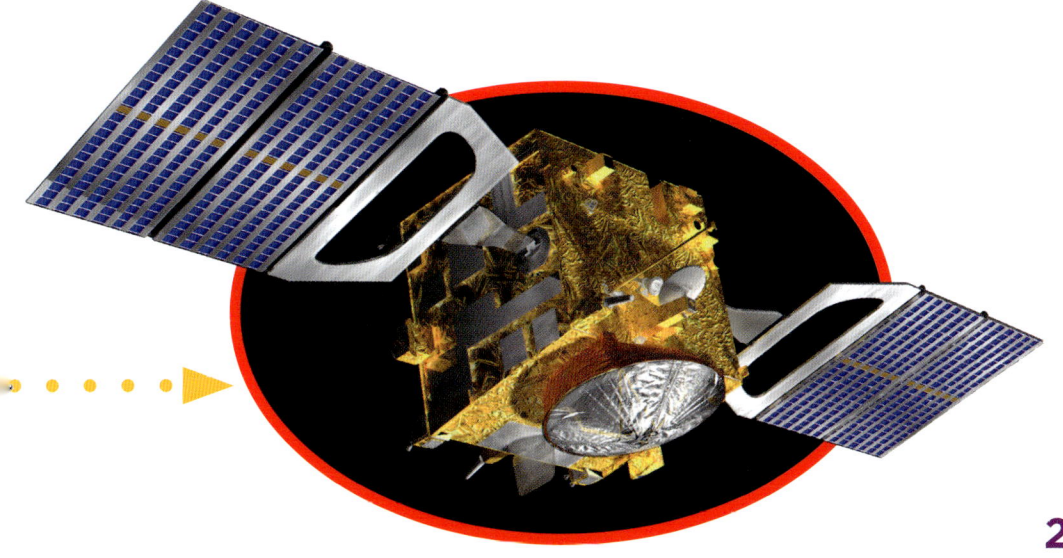

EXPLORACIONES DEL SIGLO 21

Muchas misiones han ido a los planetas interiores desde 2000. Se han hecho muchos descubrimientos.

2002
La misión encuentra hielo de agua en Marte.

2011
Misión a Mercurio recolecta datos y toma fotos.

2000

2005 a 2014
La nave espacial estudia la atmósfera y la superficie de Venus.

26

2012
Un rover encuentra posibles signos de vida en el pasado de Marte.

2020

2015
La nave espacial circunda Venus.

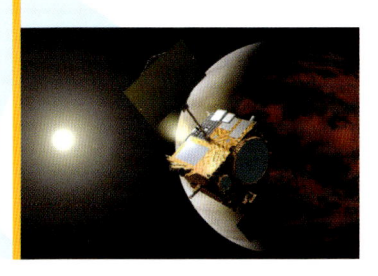

2016
Comienza la misión de encontrar signos de vida en Marte.

27

Exploraciones futuras

Hay grandes planes para una exploración más interna del planeta. Un plan es enviar astronautas a Marte. Este viaje debe ocurrir en la década de 2030. Pero antes, se deben hacer muchos preparativos.

Los viajes espaciales traen nuevos conocimientos. La nueva información ayuda a las personas a aprender sobre la Tierra y otros planetas.

29

GLOSARIO

antiguo – desde hace mucho tiempo

atmósfera – los gases que rodean a un planeta

campo magnético – un área donde las propiedades magnéticas de un objeto afectan a los objetos vecinos

cráter – un agujero formado por un impacto

ecuador – un círculo imaginario alrededor de la Tierra que está a la misma distancia del Polo Norte y del Polo Sur

gravedad – la fuerza natural que atrae objetos físicos entre sí

núcleo – la parte central de un planeta u otro cuerpo

órbita – la trayectoria de un cuerpo girando alrededor de otro cuerpo

oxígeno – un gas que es necesario para la vida

sonda – un dispositivo utilizado para recoger información del espacio exterior y enviarla a la Tierra

ÍNDICE

E
exploración espacial, 4, 24–25, 26–27, 28

L
lunas, 4, 16

M
Marte, 8, 11, 14–15, 16, 20, 22–23, 24–25, 26–27, 28

Mercurio, 8, 11, 13, 14–15, 16, 20, 22–23, 24–25, 26–27

P
Plutón, 9

S
sistemas solares, 7, 10–11

sol, 6, 7, 8, 13, 14, 17, 22–23

T
tamaños, 13, 17, 20, 22–23

temperaturas, 14–15

Tierra, 4, 6, 7, 8, 11, 14–15, 16, 17, 18–19, 22–23, 25, 28

V
Venus, 8, 11, 14–15, 16, 22–23, 24–25, 26–27